# そっと後押し きょうの説法

そっと後押し 僧侶の会

幻冬舎

# まえがき

仏教とは、人がより良く生きるための教えですが、いつしか、僧侶は、死んでからのことだけを扱っていると思われているようで、不本意に感じていました。

そんなある日、朝のニュース番組の中に「そっと後押し　きょうの説法」というコーナーを作るので話してみませんかと声を掛けていただき、改めて、いま生きている人に対しても仏教は期待されているのだと、とてもありがたく、そして嬉しく思いました。

その一方で、果たしてその役目を務められるだろうかと不安も感じましたが、これまで〝いのち〟の問題に向き合ってきた仲間と力を合わせれば期待に応えられるのではないかと、思いきってお引き受けしました。以来、毎週三回、十人の僧侶が交代で、視聴者の気持ちを「そっと後押し」するような話をつないできました。より良く生きるヒントを見つけていただければと思います。

合掌

そっと後押し　僧侶の会

目次

## 五月

## 六月

## 七月

## 八月

## 九月

# 四月

浄土真宗本願寺派安楽寺

# 藤澤克己住職の言葉

# 「スミマセン」より「ありがとう」

日本列島を襲った東日本大震災。私たちは大きな悲しみに包まれました。被災されたみなさまには、心からお見舞い申し上げます。

震災からの復興、エネルギー問題や経済・雇用情勢等、今の日本社会には国を挙げて取り組まなくてはならない問題が山積しています。このような状況だからこそ、助け合う心、お互いさまの心を、大切にしたいものです。

困ったときに、誰かを頼ることは決して悪いことではありません。私たちは、助けてもらったり、手伝ってもらったりしたときに、「スミマセン」と言ってしまうことが多いようです。あなたは思い当たりませんか?

もしそうならば、これからは「スミマセン」ではなく、「ありがとう」と言ってみてはいかがでしょうか。なぜならば、「スミマセン」と言ってしまうと、決して人の世話になるまいと気負ってしまい、〝お互いさまの心〟を受け入れにくくしてしまうからです。それよりも、快く世話になり、そのことに気がついて、一つ一つに「ありがとう」と感謝の気持ちを表す方が、お互いに気持ちがいいと思います。

「ありがとう」の気持ちで繋がっていけば、一人では抱えきれないようなことであっても、〝お互いさま〟と受け止め合える関係になることでしょう。

「スミマセン」より「ありがとう」と思うようにしませんか。

今日も一日、どうぞ、あなたらしい時間を、お過ごしください。

# 悲しいときは心から悲しむ

この世に〝生〟を受けたからには、決して免れないことに〝死〟があります。

自分が〝死〟を迎えることはもちろんですが、家族や友人、親しい人との別れもまた免れないことです。

〝死〟は、私たちにさまざまな苦しみや悲しみを与えます。かけがえのない人を亡くしたときには、いくら頭で理解はしていても、その悲しみは、心から消えてはくれません。

社会生活を維持するために、また、周りの人を心配させないようにと、無理をして"弱さ"を見せないように振る舞ってしまう方がたくさんいらっしゃるようです。

もちろん、悲しみに向き合いたくないと思うことがあって当然です。ですが、悲しみを、あってはならないもののように思うのは、無理があります。

自然の流れに任せて、その悲しみに向き合いたいと思えたら、つらい気持ちを誰かに聞いてもらう、また、誰かの話を聞かせてもらうことが、ときには必要だと私は考えています。

ゆっくりと時間を使い、悲しいときにはとことん悲しむ、つらいときにはとにかく無理をしない——そういう日々を、過ごしていただければと思います。

悲しいときは心から悲しんでいいのですよ。

# 誰かに支えられ、誰かを支えている

何のために生きているのだろうと、思い悩むことがありませんか？

一人で悩みを抱えていると、どんどん行き詰まって孤独感が強くなることがあります。まして、社会や人間関係から取り残されたと感じる状況にあれば、この世に生まれてきた意味さえ疑ってしまうことがあるかもしれません。

〝縁〟という言葉があります。〝縁〟とは、人間や動物、植物、あるいはすべての存在がお互いに関係し合っているということです。相互に関係し合っているからこそ、すべてのものがそれぞれに大切なのだと、私は考えています。

私たちは多くの人の世話になり、ときに迷惑をかけながらでなければ生きていかれない存在です。と同時に、私たちも誰かを支えることだってあるのです。お互いさまではありますが、私たちが支える人と、私たちを支えてくれる人は必ずしも同じではありません。むしろ、違う人であることの方が多いのではないでしょうか。そういう〝縁〟の中で私たちは生かされているということです。

ときには支え、また、あるときには支えられながら、〝今〟このときを生きてみませんか。そのように過ごすことで、この世に生まれてきた意味を感じられるようになるかもしれません。

あなたも私も、誰かに支えられ、誰かを支えているのです。

今日も一日、どうぞ、あなたらしい時間を、お過ごしください。

# 悩み苦しむ自分を受け入れる

お釈迦さまは、人間には生きていく上で避けられない苦しみがあるとお示しくださいました。その苦しみの原因は、「思い通りに生きたい」という〝欲望〟や〝執着《しゅうじゃく》〟だとも示してくださいました。だから、苦しみから逃れるには「欲望や執着を捨てて、あるがままに生きればよい」とおっしゃったのです。

お釈迦さまのように、あらゆる状況を心穏やかに受け入れることができれば、それは理想的な生き方でしょう。ですが、欲望や執着を捨てて"あるがままに生きる"というのは、私たちにはなかなかできることではありません。

むしろ、私たちの場合は、心穏やかにいられないときに、その悩み苦しむ自分の姿を"あるがまま"だと思えばいいのではないでしょうか。

悩みを持つことは、ことさらに不幸なことではなく、生きていく上でごく自然なことだと思います。悩み苦しむことがあってはいけないのではなく、それが"あるがまま"の自分なのだと思ってみるのです。

その自然の流れに無理にあらがうよりも、悩み苦しむあなたご自身をそのままに受け入れて、できることからゆっくりと少しずつ、"あるがまま"に進んでいけばよいのではないでしょうか。

悩み苦しむあなた自身を、まず受け入れましょう。

曹洞宗正山寺

# 前田宥全住職の言葉

# 人をいたわり、思いやることが生きる支えとなる

東日本大震災という突然の天災により、多くの方々が犠牲になり、今も尚、その苦しみは続いています。

春を迎え、だんだんと暖かい日が増えてきましたが、まだまだ寒い日もあり、温かいお茶や食事をいただくとき「被災された方々はこのような温かいものを召し上がれ

ないのだろうな」、お風呂に入るときには「被災された方々は、きっと寒さに震えているのだろうな」と、被災された方々に思いを寄せ、心の安寧を祈るばかりです。

そんな中、互いを励まし合い、支え合いながら生活していらっしゃる被災地の方々の様子を聞いて、私たちも励まされました。

年齢や立場に関係なく、「お身体《からだ》は大丈夫ですか」「頑張っていますね」「無理をしないでくださいね」「私がついていますよ」「一緒に生きていきましょうね」「あきらめないで」など、さまざまな、そして多くの、人をいたわり、思いやる愛のある言葉が聞こえてまいります。

このような、自分をいたわり、人をいたわり、思いやる心こそが、自然という『無常』の中に生きる私たちにとって最も大切なことであり、これこそが生きる支えとなるのです。

何が起こるかわからない『無常』を乗り越えるために、自らをいたわり、人をいたわり、思いやる心を忘れずに、人との関係を和やかにしたいものです。

今日も愛のある言葉がけを心がけましょう。

# 人それぞれの生き方、考え方でよい

あなたは、自分と他人とを比べて、不安になることはありませんか。あるいは、自分自身を評価できずに苦しんでいませんか。学校でも会社でも、もしかすると家庭でも、人と自分とを比べて不安になり、自分自身を評価することができずに苦しんでいませんか。

しかし、その評価の基準になる自分自身は、実はとても曖昧《あいまい》なものです。同じように、他人の評価もみな〝自分独自の経験から得た知識による理解〟でしかなく、気にするものではないのです。

そんなことよりも「私はこれでいい」「私はこうなのだ」と胸を張ってみてはいかがでしょうか。

「鶏寒くして樹に登り、鴨寒くして水にくだる」といいます。鶏は寒いと樹に登り、鴨は寒いと水に入るのです。同じ鳥でも、寒いときにとる行動が違うことを詠んだものです。

同じように、人間も、人それぞれの生き方、考え方があってよいのです。

いろいろと困難が立ちはだかる人生。つらく、苦しいときもあると思いますが、その一つ一つの困難を丁寧に生き抜いていくことによって、あなただけの生き方が見つかるはずです。そうすれば、今は苦しいつらいことがあっても、きっと、人生は、生きやすく、過ごしやすくなっていくことでしょう。

まずは、今日一日を自分のために生きてみませんか。

# 一旦止まり、自分自身を見つめなおす

朝を迎えるたび、あなたはつらくありませんか。苦しくありませんか。

もし、あなたがつらく苦しいのであれば、その原因は何ですか。職場や学校での人間関係でしょうか。ご家族のことでしょうか。病気のことでしょうか。

あなたに安心できる時間、安心できる場所はありますか。

もしかしたら、あなたは孤独の中、真っ暗な出口のないトンネルの中にいるような感覚にとらわれていませんか。

不安や疲労を溜めこんでしまっているあなたは、ここまで誰にも弱音を吐くことなく、頑張りすぎてきたのではありませんか。

でも、もしかしたら、あなたはそんな自分の頑張りに気づかずに、「自分は頑張りが足りない」などと考えていませんか。

そんな頑張っているご自分に、たまにはお茶を楽しむ、ゆったりとした時間を作ってあげてはいかがでしょうか。そして、人にお茶を差し出す余裕も持つように心がけてはいかがでしょうか。

黙っていても、社会はめまぐるしく移り変わっていき、焦ってしまいがちですが、そんなときにこそ、お茶を一服する時間を持つことが大切です。「正しい」という字も、〝一〟旦〝止〟まって「正」という字ができます。

今日もゆとりを持ち、あなたのペースで進んでください。

# "他人を敬い、重んじる"ことが恩につながっていく

私たちは、いろいろな関係性の中で生かされています。家族、学校、会社での直接的な関係。また、家族や友人を通しての間接的な関係。

同時に、それらのさまざまな関係の中で苦しみも経験します。そして、その苦しみの多くは、自分のこだわりを優先した考えや行動に起因します。みな、それに気づい

ていながらも、なかなかこだわりを捨てることができず、生き難い社会の中で、生き難い人間関係を作ってしまいがちです。

仏教では、その人間関係を円滑にする方法がたくさん説かれていますが、その中の一つに、他人を敬い、重んじるという教えがあります。

こう聞くと、ただ人のために尽くすことのように感じられるかもしれませんが、他人を敬い重んじることによって自分自身の姿が見えてきますし、そのような関係を築くことによって信頼が生まれ、互いを支え合うことになり、結局は自分のためになるのです。

ときには人に傷つけられてしまうこともあるかもしれません。そんなときは、その人から受けた害を忘れるように、そして、こだわらないように努力してみましょう。このような指針があると、意外とできるものです。そして、そのときはご自分の心が今までにないほど清々《すがすが》しくなっていることに気づくでしょう。

あなたの安心のためにも、今日一日、心がけてみてください。

吉田尚英住職の言葉

日蓮宗永寿院

# 仏の時間

お経には、『むりょう』という言葉がよく出てきます。「無料」ではなく、「量り無し」と書き、量ることができないほど、大きいということです。また、仏さまのいのちは始まりも終わりもなく、量り知れないほど長い、『無量』であるとも説かれます。そして、私たち、生きとし生けるものも、仏さまのいのちの一部として生かされているのです。

たとえば、大きな大きな、それこそ銀河系宇宙より大きな仏さまの体があると想像してください。私たち人間のいのちは、その仏さまの大きな大きな体の中の細胞の一つとして存在し、一瞬で生まれたり、死んだりを繰り返しながらも、仏さまの体と一体となって、仏さまと同じ無量の時間を生き続けているのです。私たちは、仏さまと同じ無量の時間の中で生かされているのです。

宇宙の誕生よりもはるか昔から、現在を超えて永遠の未来まで、量り知れない時間の中に身を置いていると考えると、ゆったりとした心持ちになって、生き方も変わってくるのではないでしょうか?

無量の時間の中で、あせらず、ゆっくり、しっかりと、一日一日の積み重ねを大切にしていきましょう。

# 偉大なるマンネリ

お寺では、千年以上、ずっと同じお経を、毎日毎朝読み続けています。平安時代に写経されたお経と、今私たちが読んでいるお経は、まったく同じです。同じことを毎日毎日繰り返してきた結果、何百世代にわたって、仏さまの貴重な教えが受け継がれてきたのです。

朝早くから通勤電車に揺られて仕事に行き、残業して夜中に帰ってきて、「ああ、俺の人生、何なんだろう」と考え込んでしまうお父さん。

毎日毎日、ご飯を作って、洗濯をして、掃除をして、その繰り返しだけで自分の人生は終わらせたくないと思っているお母さん。

マンネリにも思えるその繰り返しが、社会を動かし、家族を育《はぐく》み、未来にいのちを受け渡す役割を担っているのです。

どんな仕事でも未来につながっているのです。あなたの日々の何気ないしぐさや言葉が、周りの人たちに影響を与え、ときを超えて伝わり、世代を超えた大きな力になると思うのです。一人の人生でものごとを考えてしまうと、何もしていないような気がしますが、何世代にもわたる長い時間の中で考えると、いのちをつなぐ偉大な仕事をしているのです。

私たちは、仏さまの無量の時間を生きているのですから。

# 春眠暁を覚えず

お坊さんは早起きが得意だと思われていますが、私も寒い日は布団が恋しいし、前の晩に深酒していたら起きるのがつらいです。

でも、誰でも旅行に行くときは、いくら朝早くても起きられますよね。大事な仕事や試験があるときは、前の晩いくら遅くても、余裕を持って起きられるのではないでしょうか。

そういうときは、興奮、あるいは緊張しているときですよね。

でも、いつも通りの日常が始まる朝には、それほど興奮も緊張もない。

毎日、朝から、やる気や緊張を維持し続けていると疲れてしまいますよね。ですから、がんばりすぎて、体と心が悲鳴をあげない程度に、ときには力を抜いてもいいかもしれません。

朝起きた瞬間に「疲れた」と感じているあなた。

がんばりすぎて、自分の許容範囲を超えて、息も絶え絶えにならないように、うまく休むことを考えてください。

春眠暁を覚えず。

布団の中であと五分、あと五分、もいいのではないでしょうか。

ただし、遅刻しない程度に緊張は必要かもしれません。

# いのちの時間

生活や仕事に追われていると、どうしても効率やスピードが求められます。

一日が、一週間が、一年が、あっという間に感じるのも時間に追われているからでしょう。

そんな生活や仕事の時間とは違う、〝いのちの時間〟があってもいいのではないでしょうか。それは、自分の内側を見つめるための、ゆったりと流れる時間のことです。大切な方を亡くされて悲しみに暮れているとき、亡き人をしのび手を合わせるとき、それが〝いのちの時間〟です。

また、道ばたの小さな花にいとおしさを覚えたり、小鳥の声に耳を傾けたり、それも〝いのちの時間〟です。

私たちは、悩みに向き合い、静かに考えるために、あせらず、ゆっくりする時間が必要です。心の痛みに折り合いをつけ、一歩前に踏み出すには、たくさんの年月が必要かもしれません。

およそ効率やスピードになじまない〝いのちの時間〟があることに、気づかずに生活している人も多いのではないでしょうか。

お寺は〝いのちの時間〟がゆったりと流れている場所です。

どうぞ、立ち止まって〝いのちの時間〟を感じてみてください。

# 五月

浄土真宗本願寺派安楽寺

# 藤澤克己住職の言葉

# あなたの笑顔が大切な人を元気にする

人づきあいが苦手だと思っていませんか？

人と人との関係は、できるだけ円満であってほしいものです。人間関係がうまくいかないと感じたり、あるいは、人から嫌われているんじゃないかと気になっている方は、結構多いのではないでしょうか。

たとえば、「自分が、自分が」という思いが強すぎたとき、相手に見せる顔は強ばってしまい、人間関係もギクシャクしてしまうことがあるかもしれません。

『和顔愛語（わげんあいご）』という言葉があります。『和顔』とはなごやかな顔、『愛語』とはやさしい言葉です。なごやかな笑顔と、愛情のこもったやさしい言葉が、接する人の心をちょっぴり元気にしてくれます。

あなたの大切な人のために、自分に何ができるのかを考えてみましょう。その人に対していつも笑顔でやさしくいられたら、そして、その人にも笑顔が戻って、その笑顔の理由に、ほんの少しでも自分が関わっていられたら——そんなことができたとしたら、とても素敵なことではないでしょうか。

さあ、あなたの素敵な笑顔を用意してみましょう。あなたの喜ぶ顔が、大切な人を元気にしてくれます。

今日も一日、どうぞ、あなたらしい時間を、お過ごしください。

# 〝いつも前向き〟でなくてもいい

あなたは〝いつも前向き〟でいられますか？

確かに〝いつも明るく前向き〟でいることが多く求められる世の中ですが、それ一辺倒ではあまりよくないように思います。

生きていれば、悲しいことやつらいことに出会ってしまうものです。気持ちが揺れ動くのは当然で、後ろを振り向きたくなることや、泣き出したくなることが、実はあってもおかしくありません。

そんなときは、意識して、自分の気持ちに素直になってみてはいかがでしょうか。ときには少し立ち止まり、後ろを振り返ったり、涙を流すことがあってもいいと思います。

もちろん、社会の中で生きていくには、"明るく前向き"なフリをし続けなければならないときもあるでしょう。つらいことを隠して、踏ん張らなければならない場面もあると思います。

それならば、せめてあなたがあなたのままでいられる場所、いわゆる"逃げ場"を見つけてみませんか。あなたが無理をしないで過ごせる時間や場所を持つことで、心のバランスを保ってもらいたいのです。

"いつも前向き"でいる必要は、ないんですよ。

# “おかげさま”の心をつないでいく

苦しみや悲しみの中にいると、周りの人たちからの支援や協力を、ありがたく感じるものです。

その一方で、そういった支えに対して、何もお返しできないと、心苦しく感じてしまう人もいらっしゃるのではないでしょうか。

困ったときはお互いさまなのですから、まずはその厚意を快く受け取ってよいのだと私は思います。そして、「おかげさまです」「ありがとうございます」と、感謝の気持ちを言葉にして伝えられたらいいですね。

やがて回復し、少し余裕ができたのなら、そのときに〝おかげさま〟の心を返すようにすればいいのです。お金の貸し借りとは違いますから、必ずしも世話をしてくれた本人に返さなくてもいいんです。そのときに、あなたの近くにいて、あなたの手助けを必要とする人に、それまであなたが受け取ってきた〝おかげさま〟の心を振り向けるようにできたらいいですね。

私は、仏さまへの感謝の気持ちを忘れることはありませんが、仏さまにご恩返しをするよりも、〝おかげさま〟の心を周りの人に伝えるよう心がけています。仏さまも、きっとそうすることを望んでいらっしゃると思うからです。

いただいたご恩を次の人につないでいく、そう考えてみてはいかがでしょうか。

# 多くを求めすぎない

あなたはどんなときにイライラしますか？

自分の思い通りにいかないとき、イライラしたり、嘆いたりすることがあるのではないでしょうか。「あれもない、これもない」と思ったり「ああしたいのに実現しない」「こうなってほしいのに思うようになってくれない」などと、心がモヤモヤしてしまいますね。

これは、煩悩のなせる業です。煩悩とは、むさぼったり、怒ったり、文句を言ったりする穏やかでない心持ちのことで、そのまま放っておくと、私たちのイライラする気持ちや苦しみを、ますます強めてしまいます。

では、どうすればよいのかと言うと、一つには多くを求めなければいいのだと思います。

『少欲知足』という言葉があります。「欲少なくして、足ることを知る」ということですが、ないものねだりをせずに、すでに持っているもので満足しようとする態度のことです。

求めれば求めるほど、苦しみやイライラはますます強くなりますから、ないものねだりをせず、あまり多くを求めすぎないようにしてみる。そういった心がけはいかがでしょう。

今日も一日、どうぞ、あなたらしい時間を、お過ごしください。

# 厳しすぎず、甘やかしすぎず

あなたは今、真面目に、一生懸命に、頑張っていますか？

人生には、楽しいときもあれば、悲しく苦しいときも、必ず巡ってきます。何かに失敗してつまずいてしまったり、体調を崩して思うように身体を動かせなくなったりすると、気持ちが落ち込んでしまいますよね。

そんなとき、なんとか取り戻そうと一生懸命に頑張るのは結構なことですが、ときとして頑張りすぎて、かえって苦しくなっている人がいるようです。

あなたはいかがですか？

『中道』という言葉があります。真ん中の道、道の真ん中ということです。

それは、「厳しすぎず、甘やかしすぎず、程よい程度に取り組むことが何ごとにおいても尊い」という教えです。これは、日々の過ごし方や、病気に向き合う心持ち、あるいは、仕事や勉強に取り組む姿勢などについても、言えるのではないでしょうか。

真面目な人ほど、まだまだ努力が足りないと、つい頑張りすぎてしまうようです。

頑張れるときには大いに頑張っていただきたいと思いますが、「過ぎたるはなお及ばざるがごとし」とも言います。程よい程度に取り組むことも大切だと、どうか忘れないようにしていただきたいと思います。

厳しすぎず、甘やかしすぎず、程よい程度にお過ごしください。

臨済宗建長寺派深浦山独園寺

# 藤尾聡允副住職の言葉

# 迷ったら、『諦める』こと

何かを決断しようとするとき、心の中を不安がよぎることがあります。

そんなときは、揺れる気持ちを素直に受け止め、不安の正体を明らかにしてみましょう。ときには誰かに相談してみるのもいいと思います。

仏教では「明らかにする」ことを『諦《あきら》める』と言います。

これは、「諦観」「諦聴」という言葉のように、「あらゆる角度から詳細に見たり、聴いたりして理解し、悟ることによって何事も明らかにすること」また、「その結果、前に進むか、やめるか、後退するかを判断すること」を言います。現在では、なぜか後者の意味で使われるようになってしまいました。

本来の言葉の意味通りに、「今、自分はこういうことで不安になっていたのか」とか、「このことで心が揺れているのか」などと、あるがままの気持ちを素直に認めること。

迷ったら、諦めることです。

どんなに強気の人にも、心の中には必ず強くない自分が存在しています。それもまた自分の大切な一面です。

諦めてから行動に移せば、心にゆとりが生まれます。たとえ上手くいかなくても次のチャンスにまたつながっていくでしょう。

迷ったときはちょっと間を取って、まずは諦めてみてはいかがでしょう。

今日も一日、あなたらしく、自然体でまいりましょう。

# 思いやる気持ちは、心に平和をもたらします

私たちは常に心の波風とともに生きています。

ときには嵐のように吹き荒れることもあるでしょう。

世の中には思い通りにならないことはたくさんあります。そんな人生において、平常心を保つにはどうしたらよいか。

心の平和は、他者への思いやりから生まれます。

私たちは、人とともに生きています。人とともに生きていくことを望んでいます。

そのためには、家族や友達、職場や学校、外に出ても周りの人たちを思いやる気持ちが必要です。それは『慈悲心』とも言えるでしょう。

もし、人からご親切を受けたら、それはまた誰かにお返ししましょう。

今は亡き家族や恩師から受けた愛情やご恩は、今を生きている他の人にお返しする。そんな、思いやりが巡っていく社会に、私たちの未来は託されています。

思い通りにならないことがあるときこそ、他者を思いやり、これまでに受けたご恩を思い出して、周りの人や社会にお返しする気持ちを持ってみてはいかがでしょう。

今日も一日、思いやりの心を持って、自然体でまいりましょう。

# 心を澄ませて、よきご縁を待ちましょう

あなたは今まで、眼の前に運命の人が現れたり、人生を左右する岐路と思われる瞬間を経験したことはありませんか。そのときは気づかなかったけれど、今になって振り返ると、「あのときがそうだった」と思うことがありませんか。

人生はそんな偶然の出会いや出来事に満ちています。仏教ではそれを『ご縁』と言

います。もし、その一つを逃してしまっても、ご縁はまた幾度となく私たちの前に現れます。

あなたはいつも心を開いて、よきご縁を結んでいらっしゃいますか。チャンスは準備された心にのみ下りてきます。

心の本質は大きな海のようなもの。嵐が来れば荒れてしまい、海底の泥や砂で濁ってしまいます。大切なご縁も見えなくなってしまいます。

心に波風が立っているときは、動かないことも大切です。ゆっくり休む時間も必要です。焦らずときを待ちましょう。まずは身体を横たえてしっかり休養すること。すべてはそこからはじまります。

やがて、もとの静かな海に戻ると、大切なご縁がまた見えてきます。

何気ない日常の中で、思いがけない出会いや出来事が訪れる瞬間が必ずあります。

人生はそんなチャンスの連続です。心を澄ませて、よきご縁を受け止めましょう。

今日も一日、心を開き、自然体でまいりましょう。

# 素顔で過ごす時間を増やしてみましょう

私たちにはさまざまな顔があります。家にいるときの顔、職場や学校での顔、恋人の前での顔。その時どきで、自分のことを「私《わたくし》」と言ったり、「俺」「あたし」「僕」などと変化していきます。

私たち一人ひとりの存在は、他者との関係の中にあり、意識も絶えず変化しています。

でも顔をたくさん持てば持つほど疲れてしまいます。どれが本当の自分の顔だかわからなくなってしまいます。

もしあなたがそうして疲れてしまっていたら、少し顔を減らしてみませんか。

自分が自分でなくなってしまうような顔は、ひょっとしたら要らないのかもしれません。その顔のままでいては、知らず知らずのうちに、心も蝕《むしば》まれてしまいます。ほんの少し勇気を持って、そんな顔は捨ててしまいましょう。自分を見失わないように、心のメイクもきれいさっぱり洗い落としてしまいましょう。

素顔でいれば、ただ散歩をしたり、喫茶店でお茶を飲んだり、友達とお話ししたり、人はとても単純なことで心が安らぎます。ときにはサボってみたり、童心に帰ってみることも大切です。そんな、素顔で過ごす時間を少し増やしてみませんか。毎日の時間の使い方の中で、そんなひとときを持つことが、素顔に戻れる秘訣《ひけつ》です。

今日も一日、あなたの素顔で、自然体でまいりましょう。

# 浄土宗真福寺
# 加藤健一副住職の言葉

# いつでも、あなたはあなたの味方

もしかしたらあなたは、真面目で責任感が強く、つい自分のことを責めてしまう、そんな性格ではありませんか。

私が会社勤めをしていた頃、何か失敗をしたり、お客さんに怒られたりすると、「なんでこんなミスを、なんて段取りが悪いんだ」と自分をとことん責めてしまう。

そんなことがよくありました。自分を責めたところで、何も解決しないことは分かっていたけれど、責めてしまうのです。

そんなある日、ふと立ち寄った本屋さんで「どうかそんなに、自分を責めないでください。必要なときは、誰かがちゃんとあなたを叱《しか》ってくれますから」という言葉と出会い、それからは、自分を責めないでいることにしました。

そうすると、不思議なもので、いつもより落ち込まなくなり、たとえ失敗したとしても、その後お客さんから喜ばれる。そんな仕事ができるようになりました。

どうかそんなに、自分を責めないでください。必要なときは、誰かがちゃんとあなたを叱ってくれますから。

いつでも、あなたはあなたの味方でいていいんですよ。

今日も一日、あなたらしい時間をお過ごしください。

# 今の自分を、あるがままに認める

もしかしたらあなたは、〝自分らしさ〟を探し求め、苦しさを感じているのではありませんか。

以前の私は、自分らしく生きたいと思いながらも、周囲の目や他人の意見ばかりを気にしていました。

自分らしく生きたいと思いながらも、周りを見渡したり、インターネットで検索して答えを求め続けていました。

自分らしく生きたいと思いながらも、周りの人と同じ意見であることにホッとしていました。

そんなことを繰り返しながら、一方で、自分らしくない自分のことを嫌っていました。

でも、ある日、どれもこれも自分なんだと思えた瞬間があったのです。

それを受け入れられた瞬間、今まで善《よ》し悪《あ》しにこだわり緊張していた心がフッと緩み、私は自分らしく生き始めたような気がしています。

人は、今の自分をあるがままに認めたとき、受け入れたときから自分らしく活き活きと歩み始めるのかもしれません。

今日も一日、あなたらしい時間をお過ごしください。

# 〝今〟生きている過程、プロセスを信じる

もしかしたらあなたは、結果や評価が気になり、そのことで息苦しさを感じてはいませんか。

人が、願った結果を手にしたいと思うことや、自分の行為に対してよい評価を受けたいと思うことは、とても自然なことです。ただ、結果や評価だけにこだわり、疲れ

てしまっているのだとしたら、そこから少し目をそらしてみるのもいいのかもしれませんね。

私たちにはいつの日か、必ず〝死〟という結果が訪れます。

私たちは死ぬために生きている。結果という一面だけ捉えれば、ある意味それは真実かもしれません。

しかしながら、私たちには生きている過程、プロセスも必ず存在しています。

どうか、あなたが思い描いていた通りにことが進まなかったとしても、あなたが今までやってきたこと、今できていることを決して忘れないでください。

〝今〟生きている過程、プロセスを信じてください。

それがあなたにとって、何よりも尊いものだと思うのです。

今日も一日、あなたらしい時間をお過ごしください。

# 苦しみやつらさとともに生きる

もしかしたらあなたは、いったい何が苦しいのか、何がつらいのかがわからなくなるくらい、悶々《もんもん》とした日々をお過ごしではありませんか。

以前、こんな話を耳にしました。

毎年きれいな花を咲かせ、多くの人々に喜ばれていた桜の木があったそうです。

しかし、その根元には大きな石がのっかっていたので、「これは、かわいそう」だと思った人々が力を合わせ、その石を移動しました。

すると、その桜の木はみるみるうちに枯れてしまったとのことです。

一見、邪魔もののように見えるものでも、存在しているもの一つ一つに意味があるのだと気づかされたお話です。

この、桜の根元にのっかっていた石のように、あなたが今感じている悶々としたお気持ちも、実はあなたの活力となり、あなたを支えてくれている。きっと、そんな意味のあることなのだと思います。

苦しみとともに生きる、つらさとともに生きる、「ともいき」。

私はそんな生き方をしているあなたを応援しています。

今日も一日、あなたらしい時間をお過ごしください。

# 六月

浄土宗長持山浄信寺

# 吉田健一住職の言葉

# 苦しみを見据え、苦しみから離れる

あなたは今、目の前が不安でいっぱいではないですか？　先が見えない時代です。いや、時代のせいだけではありません。物事は常に移り変わり、この私の人生も思い通りにならないことの連続です。思い通りにならないことは、苦しみの元にもなります。

『四苦八苦』『一切皆苦』それがこの世の実相です。

でも、私たちにとって最も怖いことは、その現実から目を逸《そ》らすことかもしれません。

この苦しみから遠ざかるために、目先の楽しみで不安を覆い隠しても、人生の根本の苦しみから逃れることはできません。本当の苦しみの種は、そのように目を逸らしているうちにも、背後から静かに迫ってくるのです。苦しみから離れる術《すべ》は、苦しみに光を当て、明らかにすることではないでしょうか。

あなたは今、人生の苦しみを正面に見据えているからこそ、悩み、不安に襲われているのです。

しかし、あなたが向き合うべき人生の問題が、あなたの〝目の前〟にあるかぎり、あなたにはそれに向き合うだけの力と智慧《ちえ》があると私は信じています。

大丈夫。あなただけではありません。

この私も、日々、苦しみや不安と向き合いながらも……生きています。

# “なぜ生きるのか?”から始まる新たな人生

「なぜ生きるのか?」そのように考えてしまうあなた。追い詰められ、先へ進めない。そして、立ち止まってしまっているのではないでしょうか。

「なぜ生きるのか?」残念ながら、その問いに対して「こうである」「こう生きるべき」である、と答えることはできません。

しかし、私は思うのです。

〝かけがえのない〟あなたの人生です。あなたの思うように生きてもよいのではないでしょうか。

「もうだめだ」「これ以上、前に進めない」そう立ち止まったあなたは、もう、誰かと比べたり、世間の物差しに合わせて、あなた自身の人生の答えを求めなくてもいいのではないでしょうか。

「なぜ生きるのか？」それは、あなたが、あなた自身のための、新たな人生を手にするためのスタート地点に立ったことを宣言する問いかけかもしれません。その答えは、他のどんなことよりも、あなたにとって一番大切なことなのですから、そのことで立ち止まり、ゆっくりと悩むことを誰が無駄なことと言えましょう。

立ち止まった今こそ、あなたの人生をしっかりと見つめてみませんか。

誰も代わることのできない〝かけがえのない〟あなたの人生なのですから。

# あなただけの"帰る場所"を見つける

あなたは今、ご自分を見失っていませんか。

現代は、さまざまな情報や価値観が溢《あふ》れています。でも常に、それらに自分の尺度を合わせていては疲れてしまいますよね。

諸行は無常です。世の中は常に変わっていきます。ものの見方も人によって変わります。時代や国や文化が違えば価値観も違います。あなたは社会の中で生きていかなければならないのですから、それら変わりゆく価値観やものの捉え方を無視しては生きていけないでしょう。

しかし、両方の足を世俗の価値観にとらわれてしまっては、あなたは彷徨《さまよ》い続けなければなりません。

どうか、あなたの両の足の、片一方は世俗に彷徨っても、もう一方の足はしっかりと仏の世界に着けておいてください。

仏の世界というイメージが浮かばないのならば、ご先祖さまでも、亡くなった大切な方のことでも結構です。あなたをそのまま受け止めてくれる方、あなたのありのままを認め、慈しみ大切に思ってくださる方やその世界のことを想像してください。

世間の価値観の中で彷徨い、疲れ果てたあなたが、帰る場所、許される場所に戻って、ゆっくり心を休め、元気になってから、また世俗の中に身を置けばいいではないですか。そして、また疲れたら戻る……。

あなたの心に揺るがない、あなただけの大切な帰る場所を見つけてみませんか。

# 「あなたにもできる」ことは「あなたにしかできない」こと

私たちは、ご先祖さまから脈々と受け継がれてきた〝いのち〟の中に生を享《う》けました。そして、家族や社会や自然界の中で生活しています。このような時間軸、空間軸の交差する真ん中に、この私は〝生かされている〟のではないでしょうか。

しかし、この〝生かされる〟という言葉を重く感じてしまう人がいるかもしれません。

それでは、こんな字を当ててみませんか。「活躍」や「活性化」「活気」の〝活〟、〝活かされる〟です。

「お前でもできる、お前だからできる、大丈夫！」

ご先祖さまも、家族も社会も自然界も、そのように私を〝活かしてくれている〟のではないかと思っています。

どうですか？　少し気持ちが軽くなりましたか？

「お前でもできる」なんて言われたら、何だか軽くあしらわれてしまったようですが、そんなことはありません。

私たちはみな、同じ人間でありながら顔も声も考え方もそれぞれが違うように、あなたに〝でも〟できること、それはあなたに〝しか〟できないことです。

あなたが活き活きと輝く場所がきっとある。私はそう信じています。

# 色メガネを外して心に余裕を

「ここはすごい上り坂だ」と、見上げた先で、「ここはすごい下り坂だ」と見下ろしている人がいます。さて、この坂は上り坂でしょうか？　下り坂でしょうか？

答えは、上り坂でも下り坂でもなく、〝ただの坂〟ですよね。この坂のたとえのように、私たちは自分の立つ位置によって物事の見方が変わります。

あなたは、色メガネをつけて生きていませんか。あなただけではありません。多くの人がそのメガネをつけたまま物事を見、自分の意見を主張しています。

たとえば、あなたは今日「苦手だな。嫌いだな」と感じている人と会わなくてはならないとします。もしそうなら、その人の前でこっそりとあなたの〝色メガネ〟を外してみませんか。

相手が色のキツいメガネをつけて、あなたのことを感情的に攻撃するような人ならばなおさらです。お互いに色メガネをつけたままやり合っても、あなたの心に負担がかかるだけです。

「色のキツいメガネの人だなぁ」と受け流すもよし。案外、嫌いな人からの一言の方が的を射ていたりするものですから、素直に聴いてあなたの糧《かて》にしてもよし。

私もあの人も、生きてきた過程で色づいた、個性的なメガネをつけている。それを知ることで、相手より一歩、あなたの心には余裕ができます。そうすると、相手のことを少しずつ受け入れようという気持ちも生まれてくるかもしれません。

# 吉田尚英住職の言葉

日蓮宗永寿院

# 仏飯を食む

みなさんは、ちゃんと朝ごはんを食べていますか？

お寺では、朝のおつとめをして、仏さまにお膳を差し上げてからでないと、朝食をいただきません。

『仏飯《ぶっぱん》を食《は》む』という言葉があります。仏さまからお食事を分けていただくということとであり、仏さまのいのちを分けていただくことにもつながります。仏さまとともに食事をしながら、いただいたいのちを精いっぱい輝かせなければという気持ちになります。

この毎日の朝食のように、「まず仏さまに」という習慣が自然と身についてくると、いろいろな場面で自分は後回しにして「まず人のために」という気持ちになれます。そうなると次に、周りの人が「まずあなたのために」と考えてくれていることを感じられると思います。

それが、あなたと周りの人たちを輝かせることになると思うのです。

あわただしい朝のひとときかと思いますが、お仏壇があるお宅では、「まず仏さまに」。お仏壇がないお宅も、心の中で「まず仏さまに」と念じてから朝食をお取りいただいて、輝く一日をお過ごしください。

# いただきます

私たちは生きるために食べなくてはなりません。

「いただきます」ということは、「いのちをいただきます」ということです。食事は、自分のいのちが何によって支えられているかをしっかりと認識する機会であり、大切な修行の機会でもあります。

食事の仕方によって、その人の育ち方や人格もわかるとも言われます。不作法な食べ方をする人は、いのちに対する正当な感覚を持ち合わせていないと見られることさえあります。

いのちをいただいていることなど、まるで気にせず、本能のまま、貪《むさぼ》るように口に詰め込む姿を、仏教では餓鬼といいます。

いくら持っていても、すぐまた欲しくなるのが餓鬼の心です。他人から施してもらっているのに、それを当然のように思うのも餓鬼の心です。

自分の心の内にも潜んでいる餓鬼の心に気づくためにも、「いただきます」と声に出して、支え合い、生かされていることを感じながら、大事に食事を召し上がってみてください。

きっと、人にも、自分にも優しくなって、いただいたいのちを大事に感じることができると思います。

# 野菜のストレス

野菜を横にして置いておくと、早くに鮮度が落ちて味が悪くなると言います。植物はまっすぐに立とうとする性質があるので、横にすると起き上がろうとして体力を消耗し、鮮度も落ち、味も悪くなってしまうことが、数値の上でも確認できるそうです。

また、同じ縦でも、逆さまにすると、横に置いたとき以上に変化がはげしいという測定結果が出ているそうです。

自分で動くことのできない野菜は、不自然な状態に置かれるとストレスを抱えてしまうのですね。

人間は自分で動くことができるのだから、ストレスをためないように自分で立ち位置を変えればいいと思いますが、なかなかそうもいかないことが多いでしょう。自分が、不自然な状態にあることに気づいていないこともあるでしょう。

冷蔵庫の野菜室の野菜を気づかうように、自分や、自分の周りの人たちの立ち位置がふさわしいかどうかをよく見渡してみてください。そして、どんなふうにしているのがいちばん自然な状態なのかを考え、ストレスがかからない状態に調えるよう気をつかって、支え合っていきましょう。

# 早寝早起き朝ごはん

『早起きは三文の徳』という諺《ことわざ》があります。早起きをして、体と生活のリズムを整えることが心の安定につながることは、みなさんご承知だと思います。

文部科学省では「早寝早起き朝ごはん」を国民運動として推奨しています。基本的な生活習慣の乱れが、集中力・体力の低下や、肥満の原因となるため、家庭だけでなく、社会・地域の問題として「早寝早起き朝ごはん」に取り組もうとしています。

でも、遅く寝て、早く起きたのでは、睡眠不足になってしまいます。

いつの頃からか、効率を優先した二十四時間稼働の工場や、深夜でも便利に買い物ができる二十四時間営業のお店が増え、生活や仕事のリズム・バランスが崩れた世の中になってしまいました。節電と省エネが求められる今こそ、経済優先の社会の在り方を見つめ、動物本来としての体のリズムや、家族と過ごす生活のリズムを見直すときではないでしょうか。

「早寝早起き朝ごはん」は、自分のいのちと、未来を生きる子供たちのいのちを大切にすることにつながると思います。自然のリズムに合わせて生活するようになると、生かされているいのちの大切さに気づき、大いなる仏さまの存在を感じることができるかもしれません。

# 箸の上げ下ろし

箸《はし》の上げ下ろしにも小言を言うのが、子供の躾《しつけ》の常識だったのですが、いつの頃から か、子供がいじけるからと、厳しく躾けることがなくなりました。

親もわからないので注意できないというのが、本当のところかもしれません。

また〝自由〟が尊重され、〝強制〟は悪いことだと、何事も子供の自主性に任せる教育が広がりました。

躾を知らずに育った子供は、自分のやりたいようにすることが自由だと思い違いをしてしまいます。

もともと私たちは他人に迷惑をかけなければ生きていかれません。だからこそ、少しでも他人に迷惑をかけないように心がけ、他人を思いやって生きることが必要になります。

美しい「箸の上げ下ろし」は、ともに食事をする人を思いやる作法であり、いのちをいただく相手に対する思いやりの作法でもあります。

箸の上げ下ろしまで、人からとやかく言われると、腹が立つことのほうが多いかと思います。でも、そこまで言ってくださる人が、自分のそばにいることに感謝できると、もっと幸せになれると思いますよ。

真言宗豊山派円東寺

# 増田俊康住職の言葉

# "あなた一人分"を一生懸命に取り組む

♪それ仏法遥かにあらず心中にしてすなわち近し〜と〜

これは、真言宗を開かれた、弘法大師空海さまの言葉です。「仏さまの教えは遥か遠くにあるものではなく、実は意外と近いところ、一人ひとりの心の中にある」とおっしゃっています。

私たちはどうしても他の方のことや、世の中の平均の値が気になります。比較しなければ分からないこともたくさんあると思います。

でもきっと本当は、平均など気にする必要はなく、何事も「あなた一人分をやればいい」はずなのです。

結婚式の御祝儀や、葬儀の御香典。地域ごとの平均や年代ごとの平均はよく雑誌にも載りますが、地域や年代だけでは測れない、さまざまな相手との関係、今のあなたの暮らしやお気持ちがあるわけです。

他人や平均は気になります。でもやっぱり本当は〝あなた一人分〟なんです。仕事も遊びも、勉強も運動も、食事の量も睡眠時間も、全部、〝あなた一人分〟。

〝あなた一人分〟を一生懸命に取り組んでいたら、きっとあなたは、かけがえのない〝あなた〟になれます。

# 誰かと一緒にいると思い行動する

♪あな嬉《うれ》し　行くも帰るも留《とど》まるも　我は大師と二人づれなり〜と〜

これは、弘法大師空海さまが平安の御代《みよ》から現代に至るまで、いつでも私たちとともにいて、見守り続けてくださっていることを説いた歌です。

お四国八十八ヶ所のお遍路をされる方は、お遍路姿と呼ばれる服装、持ち物で巡礼をします。手甲《てっこう》・脚絆《きゃはん》に、笈摺《おいずる》という白い衣服を着て、頭に菅笠《すげがさ》を被りますが、そこには『同行二人《どうぎょうににん》』と書かれています。これは「私は一人ではありません。お大師さまと二人でこのお四国を歩いているのです」ということをあらわしており、目には見えなくともお大師さまがおそばにいらして、守ってくださるという意味です。

お大師さまと歩いているからでしょう、お遍路の最中には、道端のお地蔵さんにも自然と手を合わせます。口から出る言葉も行動も、自然とやさしくなります。つらいことも自然と楽になるのでしょう。

いつもお遍路をするときのように、誰かと一緒に電車に乗り、誰かと一緒に歩いているのだ、と思えたら、きっとあなたの行動が変わります。ご一緒されるのはご家族でしょうか、お友達でしょうか、それとも……。

今日一日、あなたはどなたと一緒に歩きますか？

# 心の中に、いつも仏さまをお招きする

♪今日もまた　露の命を永らえて　仏の法を聞くぞ嬉しき〜と〜

これは「この無常の世の中で、自分は朝露のようなはかないいのちではあるけれど、今日もそのいのちを永らえて、仏さまの教えを聞くことができるのはなんと嬉しいことだろう」という歌です。

私と世代が近い方は、「ああ、こんなときにドラえもんがいればなあ」と思った経験があると思います。困ったときに、人間を超えた何かにすがりたくなるのは自然なことです。あなたも、たとえドラえもんのような未来からきたロボットでなくとも、苦しいときに神仏にお願いごとをしたことはありませんか。

お願いごとは、なぜ叶《かな》うのでしょう。手を合わせるから？　お賽銭《さいせん》を納めるから？　あなたが一心に仏さまに手を合わせると、あなた自身が仏さまの中に入り、仏さまがあなたの中に入ってきます。これをむずかしい言葉で『入我我入《にゅうががにゅう》』と言います。「我が仏に入り、仏が我に入る」ということです。

仏さまが入ったあなたのことを、人はきっと「素敵な人ね、仏さまみたいな人ね」と言うでしょう。そういう人の周りには自《おの》ずと人が集まります。

そして、人が集まるところには願いの芽が出る土壌ができあがるのです。

心の中にいつも仏さまをお招きして、あなたの畑を耕しておきましょう。

# 二度とない"今"を生きる

♪一切衆生は本有《ほんぬ》の薩埵《さった》なれども　貪瞋痴《とんじんち》の煩悩の為に縛せらるるがゆえに〜と〜

これも、弘法大師空海さまの教えです。「すべての人は、本来は金剛薩埵なのだけれど、むさぼることや怒り、愚かさといった煩悩に縛られている」といった意味のお言葉です。

お寺に小さな子供たちが来ると「ねえ、なんで髪の毛ないの?」「ここ、幽霊いる?」などと聞かれます。

大人にはあまり聞かれません。私に遠慮しているのか、聞くこと自体を恥ずかしいと思っているのか……。もしかすると〝経験〟という名の過去や、〝予測〟という名の未来に縛られているのかもしれません。

子供たちのきらきら輝いている瞳を見ると、彼らは過去でも未来でもなく、今を生きているのだな、と感じます。過ぎたことにとらわれず、まだ見ぬことを恐れず。

人間には十歳には十歳の、五十歳には五十歳の、百歳には百歳の、疑うことのできない今があります。〝今〟を生きないで、〝いつ〟を生きるというのでしょう。

今日は昨日ではありません。まして明日でもありません。今日という二度とない〝今〟の真ん中に紛れもなくあなたはいるのです。

# 七月

# 曹洞宗正山寺
# 前田宥全住職の言葉

# 心についた余計な思いを洗い流す

私が初めて僧侶の世界に入ったのは、約二十年ほど前です。白い着物で師匠の前に立ち、今後、仏教を規範として生きていくことを誓いました。そのときの師匠の言葉は、今でも忘れません。

「今は真っ白な着物でも、いずれはホコリがついたり、シミがつく。忘れてならないのは、その都度、ホコリを払い、シミを洗い流すことだ」

という言葉でした。

大変なとき、つらいとき、私はこの言葉を思い出し、白い着物についた汚れを洗い流し、ホコリを払うように、自分の心についた余計な思いを丁寧に払い、洗い流すようにしています。

みなさんはどうでしょうか。

自分の愚かさ、未熟さに気づき、そんな自分が嫌で嫌でたまらなくなることはありませんか。

そのようなときは、自分の心についた余計な思いを丁寧に払い、洗い流して、改めてスタートすればよいのではないでしょうか。

完璧《かんぺき》な人などいません。みな不完全なのです。

そうして一歩ずつ歩んでまいりましょう。

# 破った損害を忘れ、こだわらない

私が仏門に入ったとき、父からいただいた僧侶としての名前が〝宥全〟です。〝宥〟という字には、「大目にみる」「許す」「見逃す」という意味があります。その下に〝全〟。「全て」という字がつきますので、「全てを許す」という意味が私の名には込められています。

この名前をいただき、私は多くの葛藤《かっとう》を抱きました。

なぜならば、私の心の中には「全てを許せない、見逃すことができない、大目にみることができない」強いこだわりの心があるからです。

しかし、この名があるおかげで、そのこだわりがあることに気づき、またそのこだわりを捨てることこそが楽になる方法だと気づきました。

この気づきを得ることによって、これまでは生き難く感じていた社会が、とても過ごしやすく感じられるようにもなりました。

「他人から被った損害、予期せぬ損害を忘れ、こだわらない心」

これこそが楽に生きるための一つの方法・指針と言えるでしょう。

今日一日、楽に生きるために、被った損害を忘れ、こだわらないように心がけましょう。

# 教えを心に留め、一生かけて続けていく

みなさんは子供の頃、「悪いことをしてはいけませんよ。善いことをしなさい」とご両親から言われた記憶はありませんか。私はよく言われていたのを記憶しています。

実は、この教えは仏教の教えなのです。

「悪いことはしない。善いことをする」

とても簡単で当たり前とも感じる教えですが、実は示されている言葉以上に重要なことが説かれているのです。

それは、その教えを「一生続ける」ということです。

どんな素晴らしい教えを知っていても、それを毎日心に留め、実践をしなければ何にもなりません。

「悪いことはしない。善いことをする」

これは幼い子供でも知っていることですが、果たして、その簡単なことをどれだけの人が心に留め、日常の実践を心がけているでしょうか。

「悪いことをしてはいけませんよ。善いことをしなさい」という教えは、子供だけでなく、大人にとっても大切な教えであると思います。

あなたは、この大切な教えを今も心に留め、実践していますか。

# まずは、自分を見つめなおす

大相撲の八百長問題で大分騒がれていたときのことです。

多くのテレビ番組で多くのコメンテーターが非難を口にされていましたが、あるコメンテーターがこんなことを仰《おっしゃ》っていました。

「八百長のことで、多くの方が非難を口にしていますが、私には八百長問題に関係する人たちを非難することはできないなぁ。私だって完璧ではないので……」

私はこの言葉にとても感動いたしました。

もちろん、不正を正していくことは大事なことですが、何かを批判・非難するときにはそれと同時に、「私はどうなのだろうか」と自己への問いをすることが大切なのです。

『脚下照顧《きやつかしようこ》』という言葉があります。「まずは、自分を顧みるという素直な心で、自分自身を見てみなさい」ということです。

社会や他者のことを厳しく見るばかりでなく、自分自身も厳しく見ることを忘れてはいけませんね。

『脚下照顧』……周囲にとらわれることなく、まずは自分自身を見つめなおしてみましょう。

日蓮宗瀧穐山法泉結社

# 齊藤澄泉教導の言葉

# 静かに自分と向き合う時間を

毎日、忙しく過ごしている私たちです。

あまり急いでときを過ごしているので、「今日は何があったかしら」と覚えていないこともありますよね。

ときには、自分と静かに向き合う時間を作ってみるのもよいですね。

いろいろなことが気になるかもしれませんが、お香をともして、五分間、静かに自分だけの時間を持ってみてはいかがでしょうか。

今は、いろいろなかおりのお香をもとめることができます。好きなお香のかおりの中で、それは自分と向き合うわずかな時間です。

身体の芯から疲れが滲《にじ》み出すとき……。爽《さわ》やかな風に心が弾むとき……。気が進まなかったり、嬉しくなったり、心がざわついていたり、さまざまなときを通して、静かに自分自身と向き合う。

そのような時間の中で、何かに出会うことができるかもしれません。それは、自分自身の心であったり、お香の煙の中におぼろげに浮かび上がってくるかすかな光……。もしかしたら確かな仏さまの存在を見ることができるかもしれませんね。

一日の中で、静かな自分だけの時間を持ってみませんか。

# 竹のようにしなやかに

『心をば　さらりさらりとささ竹の　世を曲がらずにすごさざらなむ』

私は小林一茶が詠んだこの歌が大好きです。

この歌には、竹のようにしなやかな心で「さらりさらり」と生きていきたいものだという願いがこめられています。

あなたも、さらさらと生きてみませんか。「さらさら」という言葉は、物が軽く触れあう音をあらわします。

ともすると、私たちは周りがとても気になったりします。

物事に必要以上にこだわってみたりすることもなく、「さらさら」と、あるいは「さらりさらり」と生きてゆく、それは竹のようにまっすぐな姿勢に通じるものではないでしょうか。

土の下では、しっかりと根を張り、土の上ではすらりと立っていながらも、風にさらさらと揺れ、周りと調和している竹。そんな生き方が本当は強いのではないかと思います。

竹のようにしなやかに生きてみたいですね。

今日という日があなたにとって、そんな日でありますように……。

# 自分をもっと大切に

私たちが、この世界へ出るまでには、お母さんの胎内に宿ってから十ヶ月以上かかります。

まずはじめに、お芋のような形のおおざっぱなものができて、だんだんそこから細胞が分裂していって、形が現れてくるのだそうです。そうして大体の形が作られてから、さらに、次第に本当に細かく仕上げられていくのです。それはちょうど仏像を彫るのと似ていると思いませんか。

仏師は、木から仏を作り出すのではなく、その木の中に存在する〝いのち〟を仏さまとして彫り出すのだといいます。

それにならって言えば、私たちの〝からだ〟とは、もともと存在する生命が、母親の胎内で形となって産み出されたもの、と言えないでしょうか。

つまり、私たちのこの〝からだ〟は、新たに作り出されたものではなく、仏さまからの戴きものなのです。

仏さまからの戴きもののいのちを生きている私たちです。もっと大事に自分をいたわって過ごしてみませんか。

今日の日を精一杯輝いてみましょう。

# 自分だけの心の振り子

まるでダジャレのようなのですが、心はころころと転がるものです。

昨日はあんな風に思っていたのに、今日はそんな風に思えなかったり。昨日はあんなことは気にならなかったのに、今日はそんなことにもこだわってしまったり。いろいろと迷っては転がるのです。それでもよいのです。

迷うという字は、〝シンニュウ〟に〝米〟と書きますが、この場合の〝米〟は、四方八方に伸びている道の真ん中で、どっちに行こうか、どこに入ろうかと迷っている姿だとします。

何も形あるものだけが定まらないわけではなく、形のない心の方こそ定めがなく揺れ動くものだと言えます。

転がるものは、自然の法則として、下の方、低い方に転がりますが、心も転がると、どんどん下の方へ行きがちになってしまいますね。

しかし、振り子が左右に揺れながらも中心に帰ろうとするように、心の中心にあるものをしっかりとつかんでおくとよいと思うのです。

心の振り子が、たとえば、仏さまの心であったり、友人のちょっとした言葉であったり……。私たち僧侶の言葉であったり……。

自分だけの心の振り子を見つけてみましょうか。

# 浄土宗長持山浄信寺
# 吉田健一住職の言葉

# 手放してこそ得る

あなたは今、幸せですか？

〝幸〟という漢字は、辞書をひも解くと、〝手かせ〟を意味する象形文字から来ています。それがやがて、「〝手かせ〟をはめられることを免れた状態」を表す漢字になりました。

つまり、〝幸せ〟とは、囚《とら》われから自由になることかもしれません。〝幸せ〟もこだわれば、〝執着〟になります。〝執〟の字にも〝手かせ〟を意味する〝幸〟がありますよね。

人は、得たモノは手放したくないものです。また、得たいモノを得られない苦しみもあります。目先の快楽でそれを補っても更なる執着に囚われます。

人は、心の中に自分を縛りあげる手かせを持っています。本当の幸せとは、そのような心の動きを知り、自分の心を解放してあげることかもしれません。

「幸せでない」と苦しんでいるあなた。「幸せでなければならない」という囚われからも自由になってみませんか。

〝得る〟ことではなく、〝手放す〟ことで〝幸せ〟になることもあるのだと思います。

# 「さようなら」は再会の約束

大切な方を喪《うしな》ったあなたへ。
日本語の別れの言葉は実に興味深いですね。
「さようなら」「じゃあ」「また」「では」……。
本当ならば、その後に続く言葉があるはずなのに、みなまで言わない……なぜでしょう。

それは、また会えることを前提としているからではないでしょうか。日本語の別れの挨拶《あいさつ》は、終わりを意味する言葉ではなく、再会を約束する言葉なのかもしれませんね。

「じゃあ」「また」「では」「さようなら」……。

大切な方と別れ、再び会うその日まで、あなたはどれだけたくさん、人生の思い出話を作れるでしょうか。

いつかこの世のご縁が尽き、大切な方と再会したそのときに、あなたの心のカバンにたくさん詰め込んだ、あなたの尊い人生の思い出話を、仏さまの国であるお浄土で、ゆっくりと語って差し上げませんか。その日まで、あなた自身の人生を精一杯に輝かせて生きることも、その方にとっての一番のご供養かもしれませんね。

「さようなら」はただ悲しい別れの言葉ではなく、あなたとあなたの大切な方が再び会うことを約束するご挨拶なのかもしれませんね。

# 〝緩い心〟で心に〝あそび〟を

あなたは今、心をピンと張り詰めていませんか。
ガチガチのハンドルやブレーキでは、運転も緊張の連続です。
心にも車のハンドルやブレーキのように軽い〝あそび〟が必要ですね。
頑張ることはよいことですが、頑張りすぎることであなたの心のコントロールが利かなくなることもあるでしょう。

もし、今日あなたが苦手な人と会わなくてはならないとしたら。そんなときに気持ちがピンと張っていては、心にケガをしてしまいますね。

あなたの心を緩くして、あまり肩ひじ張らずに、自分に対してもう少し甘くしてみてもよいのではないでしょうか。

そして、相手に対する「こうに違いない」「苦手だ」という過去から現在に至るまでのさまざまな固定化された感情を少し〝緩く〟して、「まあ、いいか」と柔らかく受け入れてみませんか。

相手を受け入れ、許すには、まずあなたの心を緩くする。

私は、この心の動きに「緩す」と勝手に当て字をつけています。

あなたの心を常に〝ユルして〟、相手に対する評価も〝ユルして〟みる。

無理をしなくてはならないときこそ、〝ユルい心〟でいきませんか！

# つまずいてこそ出会う

生きることはとてもつらいことです。お釈迦さまの教えも、苦しみに出会ったことから始まりました。

もうこれ以上頑張れない。

もうこれ以上、一人では抱えられない。

つまずいたとき、迷ったとき、そのようなときにこそ、初めて出会うご縁があります。

つまずいた先に、健気《けなげ》に咲く野の花を見つけることもあるでしょう。仰向《あおむ》けにひっくり返れば、夜空の月がやさしくあなたを照らしていることにも気づくでしょう。

世界はあなたがいまだ経験していない可能性に溢れています。そして、未知なる出会いも待っています。

つまずき、立ち止まった今こそ、普段なら見落としてしまいそうなあなたの知らない世界との出会いがあるかもしれません。

つまずいてこそ見える世界や、出会えるご縁が、あなたの人生にとってとても大切なものになるかもしれませんね。

つまずいた今こそ、ゆっくり周りを見回してみませんか。

# 八月

臨済宗建長寺派深浦山独園寺

# 藤尾聡允副住職の言葉

# ご先祖さまを想い、人生を歩む

毎年お盆になると、お寺にはたくさんの方々がお参りに来られます。そして、今は亡き愛する人の背中を流すように、お墓をきれいに洗っていらっしゃいます。在りし日の姿を思い浮かべながら、ひとしきり「ばあちゃん、久しぶり、今、帰って来たよ」などとお話しして、心の時間を過ごします。

夕方には提灯を提げた子供から「和尚さん、これからパパを連れて帰ります」などという声もかかります。

黄昏どきには、家々の玄関や縁側の軒下で、提灯や迎え火が焚かれています。

私たちの体には、両親、おじいちゃん、おばあちゃん、そして遠いご先祖さまから受け継いだ遺伝子が、今も生き続けています。

心の中には、家族や恩師、幼なじみの思い出が、今も生き続けています。

人は誰でも、いつか旅立つ日を迎えます。

そのときにはいっぱい土産話を持って、ご先祖さまたちに会うことができるように、今を生きませんか。ご先祖さまたちが「よく来たね、よく頑張って来たね」と温かく迎えてくださるような、そんな人生を歩めるように願いを込めて、どうぞお墓参りにいらしてください。

# 『心の窓を開き無限の清風』を感じる

建長寺の開山、蘭渓道隆《らんけいどうりゅう》（大覚禅師）の言葉に、こんな一文があります。

『福山（建長寺）は揮《すべ》て松関を掩《と》じず、無限の清風来たりて未だ已《や》まず』

「修行者にも一般の人々にも、老若男女、あらゆる人に対して、福山はいつでも門戸を開いている」という意味です。来る者は拒まず、去る者も追わず。たとえ「自分には合わない」と去る者がいても、引き留めることはしません。

私たちの周りにも、この『無限の清風』が吹いています。無限の清風は、ときには偶然の出会いや出来事に、姿を変えて訪れます。

でも、もし心の窓を閉じていると、風は入って来られません。大切なご縁も気づかずに通り過ぎてしまいます。

幸せは、開かれた心にのみ舞い降ります。

今の世の中、メールやツイッター、携帯にコンピューター、外に出てもヘッドフォンをつけていたり、心は常に何かに集中しています。集中すること自体は悪いことではありません。しかし現代は、"集中"が"囚われ"や"依存"に陥りやすくなっています。閉ざされた心に無限の清風は入れません。

現代では意識して依存から離れ、囚われた心を解き放つ時間が必要です。集中するのは本当に必要なこと、必要な時間だけでよいでしょう。

心の窓を開けば、また、無限の清風を感じることができます。

# 言葉に思いやりを

テレビで「一つになろう」「頑張ろう」というメッセージが流れていたとき、あなたはどう感じましたか？

元気な人には心地よい響きだったかもしれません。

でも、もしあなたがそう感じなかったなら、決して「みんな大変だから、自分も我慢しよう」とか、「もっとつらい人がいるから、頑張らなくちゃ」などと、思わないでください。

もし、周りで沈んでいる人がいたら、絶対に「みんな同じ、みんな頑張ってるんだよ」「もっと努力しなきゃ」、こんな言葉をかけないでください。

あなたには、あなただけの苦しみがあるように、他の人にも、それぞれの苦しみがあります。頑張れないときは、頑張らなくてよいのです。

「実はね、とてもつらいんだ」「苦しい、寂しい」

こんな言葉を安心して呟ける世の中。そして、

「よく頑張ってきたね」「つらかったでしょう」

そんな言葉が交わされる世の中。

思いやりのある言葉は言霊となります。言葉に思いやりをこめるのは、一人ひとりのあなた。それを生かす私たちに、日本の未来は託されています。

# 丁寧に過ごせば、悔いのない人生になる

私たちは、岐路に立ったとき、人生の節目が訪れたとき、目の前に幾つかの選択肢が扉のように現れます。

その中の一つを選び、開いてみれば、そこには新たな世界が拓《ひら》けていきます。

人生とは、そんな扉の中から一つを選ぶ決断を常に下しながら歩む道のりとも言え

るでしょう。

どれを選んでも正解、誤った決断などありません。選んだ先が私たちの人生です。

大切なのは、選んだ道をしっかりと丁寧に歩むこと。

その途中で、また、新たな扉が現れます。ときには軌道修正、後戻りということもあるかもしれません。開けるかどうか、時間をかけて考えるときもあるかもしれません。あえて扉を開かないという選択肢を選ぶこともあるでしょう。

扉を開いた先には、新たなご縁や気づきも生まれていきます。そんな日々を繰り返していくことが、そのままいのちの過ごし方、人生となります。節目ごとに生まれるご縁や気づきを大切にし、丁寧に毎日を過ごせば、悔いのない人生となって残っていきます。

今日も一日、心をこめて丁寧に過ごしましょう。

真言宗豊山派長寿院寶泉寺

# 色摩真了住職の言葉

# 人間道を歩む

高校野球にぎわう夏。今年、あなたの応援している学校は勝ち残りましたか？

勝負の世界では、よく「結果が全て」なんてことを言います。もちろん高校球児たちも甲子園での優勝を目指して汗を流していますが、仮に優勝できなくとも、彼らはその三年間で、友情のすばらしさや努力することの大切さなど、結果だけでない多く人生も、結果が全てではないと、私は信じています。

昔から日本では、柔道や剣道、茶道や華道といったように〝道〟という文化が育まれてきました。それは、武道が結果としての〝強さ〟より、人としての〝成長〟を大切にしてきたように、古来、結果より過程に、私たちは本質を見いだしてきたからです。

あなたは、何かしらの目的や目標をたてて日々を過ごしていらっしゃることと思います。ただ、残念ながらその目標は全てが達成されるとは限りません。

しかし、仮にそうであったとしても、私たちは達成を目指す過程で多くのものを得ていくでしょう。

結果を怖(おそ)れず、胸を張って〝人間道〟を歩んでいきませんか。

のものを学ぶでしょう。

# “自分自身”との一期一会

今日という一日が始まりました。あなたにとって、今日はどんな日になるでしょうか。

「いつもと変わらないよ」と思われた方はいませんか。

いいえ、暑い夏の日は毎年訪れても、今日という日は今日一日限りの、二度と体験することのない大切な一日です。

『一期一会』という言葉がございます。「全ての出会いは一生に一度の出来事かもしれない。だから一つ一つの出会いを大切に」そんな意味です。

他者との出会い、触れ合いはとても尊いものです。しかし、私たちは実はもう一人、二度と出会うことのないかけがえのない存在と、ときを同じくしています。

それは、私自身であり、あなた自身です。

今、この文章を書いている私は、すでに書き始める前の私ではありません。この文を読んでくださっているあなたも、読む前と読んだ後では違うあなたです。

私たちの世界では、全てのものが平等に、その刹那で変わり続けています。

今日という日が今日一日しかないように、その一瞬だけに存在するあなたご自身との一期一会を、どうぞ大切にしてください。

# 仏を真似る

仏教の目的は『成仏』すなわち「仏に成る」ことです。その方法の一つに〝行い・言葉・考え方〟という三つの活動において、仏さまの真似をするというものがあります。〝学ぶ〟という言葉が〝真似る〟と語源を同じくしているように、仏さまを目指すならまずは真似ることです。

あなたには「ああ、同僚が手伝ってくれたおかげで〆切に間に合った」とか、「落ち込んでいたときにかけてくれた友達のあの言葉、本当に嬉しかったなあ」とか、「上司の冷静な考え方があったから私たちのチームは窮地を乗り越えられた」といった経験はありませんか。逆に、あなたの関わりによって誰かが助かったり、喜んでくれたりしたことも少なくないはずです。

そんな「みんなが健(すこ)やかになれる」ような活動を通して、私たちは少しずつ仏さまに成っていきます。

三つも実践なんてできないよ、という方は〝行い〟〝言葉〟〝考え方〟この中のどれか一つで結構です。

「こんなとき仏さまならこうするんじゃないかな」

そんなことを意識してその日を送ることができたならば、その一日はいつもと少し違った一日になるかもしれませんね。

# 大きな欲は清らを得る

『大欲得清浄《たいよくとくせいせい》』とは、私たち真言宗の僧侶が大切にしているお経の一節です。

私たちは、欲をかくことで苦しむことが往々にしてあります。そのような経験から、『少欲知足』、すなわち、「欲を少なくして足ることを知る」という言葉ができました。

しかし、ほとんどの欲を捨て去ってしまったら、私たちの生は充実したものにならならないのではないか——。そんな考え方も仏教では起きてきました。

実は欲には二種類あるのです。

一つは〝自分勝手な欲〟です。これは自分自身を、ときには他人をも傷つけ苦しませます。

もう一つは〝自分自身を高めていきたいという欲〟です。自分自身を高めたい欲は〝意欲〟と呼ばれることもあります。その〝意欲〟をどんどん高め、最終的には「みんなが幸せになればよいなあ」という方向に定めると、不思議と〝欲〟は苦しみではなく、喜びを生みます。

「自分を高め、人のためになりたいという大きな大きな欲は、その大きな力で人々を救うが故に清いものとなる」

これが『大欲得清浄』という言葉の持つ意味です。

真言宗豊山派長寿院寳泉寺 色摩真了住職の言葉

浄土真宗本願寺派安楽寺

# 藤澤克己住職の言葉

# 力を合わせることで願いに近づく

社会の中には、とても自分一人では太刀打ちできないと思えるような大きな問題が横たわっていると思いませんか。そんな大きな問題の前では、自分は無力だと思ってしまう人もいることでしょう。でも、本当に無力なのでしょうか。

私たちはさまざまな『縁』によって生かされています。いろいろな繋がりの中で生きていて、本来、一人ではないということです。節水や節電のことを思い起こしてみてください。なんとかしなければという思いを同じくする人が、小さな力を積み重ねることによって、全体として、たくさんの水や電気を節約することができますよね。

私一人ではできないことであっても、思いを同じくする人が力を合わせることによって、その願いに近づくことはできるのだと思います。私たちの力は小さいかもしれませんが、決して無力ではないのです。

私の願いは、私たち一人ひとりが、生きていてよかったと感じられる社会を作ることです。

私一人ではとてもできないことですが、思いを同じくするあなたと一緒に、泣き笑いしながら、作っていきたいと思っています。

今日も一日、どうぞ、あなたらしい時間を、お過ごしください。

# 手に入らないものを求めず
# 今あるものを喜ぶ

欲しいものが手に入らないと、じれったいし、口惜しいですよね。

あれが欲しいと思ったり、こうなって欲しいと思ったりして、強く思えば思うほど、それが手に入らなかったときには〝苦しみ〟となって返ってきます。そんな経験はありませんか。

お釈迦さまは、私たちが逃れることのできない苦しみの一つとして、『求不得苦（ぐふとくく）』という意味をお示しくださいました。「求めるものを得ることができないから苦しい」という意味です。

文字通りの意味もそうですが、実は、求めて手に入れても、それを素直に喜ばず、さらに欲しがったり、他のものを求めたりする姿、つまり、自分で自分を苦しめてしまう姿を明らかにしてくださったのだと思います。

もちろん、ときにはがむしゃらに、自らの気持ちに素直になって、欲しいものを得よう、自分の願いをかなえようと努力することは大切です。

ですが、またあるときには、そういう自分であるということに気がついて、手に入らないものをいつまでも欲しがるのではなく、今すでにあるものを喜ぶようにしてみてはいかがでしょうか。

そうすることで、穏やかな気持ちで過ごすことができるかもしれませんね。

# お互いさまの心で周りの人に打ち明ける

お釈迦さまの言葉の中に、『己が身に引き比べて』というものがあります。「自分のこととして考えてみる」という智慧なのですが、「私が相手の立場だったらこうしてもらいたい」と想像することで、私が相手に対してどう振る舞えばいいのかを決めることができるようになります。

困ったとき、相談すればいいように思いますが、自分一人でなんとかしなければと、抱え込んでしまう人が多いように思います。しかし、周りの人は、「そんな水臭いこと言わないで」「言ってくれれば喜んで手伝わせてもらうよ」と思っている場合が少なくありません。

想像してみてください。もし、あなたの周りに困っている人がいて、あなたに少しでも余裕があったのなら、あなたならどうしますか？ 喜んで助けたいと思うのではないでしょうか？

困ったときはお互いさまです。

ですから、もしも今、あなたが何かで困って行き詰まっているのでしたら、周りの人に勇気を出して打ち明けてみませんか。恩返しは後でもいいので、しばらくは手伝ってもらうようにしてみてはいかがでしょう。

今日も一日、どうぞ、あなたらしい時間を、お過ごしください。

# 九月

真言宗豊山派円東寺

# 増田俊康住職の言葉

# 自分の物差しを確認する

♪雲晴れて後の光と思うなよ　元より空に有明の月〜と〜

ちょっと想像してみてください。

みなさんが海でボートを漕いでいると、突然大きな客船が目の前で沈没し、大勢の人々が海に投げ出されました。老若男女、さまざまな人が溺《おぼ》れています。ですが、あなたの乗っているボートは、その方たちをいっぺんには助けられそうにありません。あなたなら、一体どなたから助け上げますか？

「子供はまだ人生が長いのだから子供からだ」「いやいや老人こそが国の宝だ」「何を言う、女性こそ先に助けられるべきだ」

さまざまなご意見があろうかと思います。

では、そういう状況で、もし仏さまなら誰から助けるでしょうか。

これは実は順番が決まっています。その順番とは……。

仏さまは近くにいる方から助けるそうです。よこしまな心がなく、迷いがないからでしょう。

私たちはついつい自分の物差しで他の人を判断してしまいます。「あの人は助けると後でお礼がもらえそうだ」「この人は前から好きじゃなかったから後回しだ」……。

今日一日、自分の物差しが果たして本当に合っているのか、確認してみませんか。

# お互いが支え合い、輝かせ合う

♪三密に加持すれば速疾《そくしつ》に顕《あら》わる　重々帝網《たいもう》なるを即身と名づく〜と〜

これは仏さまと私たちが一つになるための奥義を端的に示した、真言宗の肝のような言葉です。私たちの世界は全てのものがさまざまにつながっており、そのことがわかれば、実はみんな仏さまなのだと気づくという教えです。

私の持っている数珠は、百八個の水晶の玉が糸でつなげられたものです。顔を近づけてみると、きらきらと輝いて私の顔や周囲の様子が映り込みます。きらきら輝く百八の玉は、実は自分自身で光っているものはありません。光を受けて、一つの玉が百七個の玉に映り込み、百七個の玉が一つの玉に映り込んで、全ての玉がお互いを輝かせ合っています。実は私たちの世界も同じように、全てのものがお互いを支え合い、輝かせ合っています。

私はみなさんから見れば僧侶で、お檀家さんから見ればおらが寺の住職、子供から見れば親で、親から見れば子供です。周りがあって初めて自分が説明でき、自分自身も他の人にとっての周りなのです。

そういう考え方で世間を見渡すと、世の中は全てお互いがお互いを必要としていることに気づきます。一人ひとりが他者と関わり合い、つながっているのがこの世の中なのです。それならば、いわゆる透明な存在の自分、無縁社会というものを恐れることもなくなるのです。

# 偏らない人生を歩む

♪物の興廃は必ず人に由る　人の昇沈は定めて道にあり〜と〜

これは私たちの生き方を決めるのは、〝道を求める心〟であるというお大師さまの言葉です。では、道を求めるには、どのように行うのがよいでしょうか。

さて、みなさん、細長い棒を思い浮かべてみてください。その重心、つまり、手のひらに横に乗せて、バランスが取れる場所はどこでしょう。それは、決して端ではなく、長い棒の中ほどですね。

このバランスが取れる場所は、ものごとを考えるときも同じです。この棒のように、両極端にこだわらない考え方をしてみませんか。

仏教には『中道』という教えがあり、修行や勉強を怠けてはいけないが、逆に頑張りすぎてもいけないと説かれます。たとえ、自分の考え方一つにしても、どんなに自信があって、あきらかに正しいと思えることでも、偏りすぎてはいないか確認してみましょう。

世の中に絶対というものはないのですから〝絶対〟という言葉が出てきたときには必ずこの『中道』を思い出してください。

人生というマニュアルのない道を歩いてゆくのなら、頑《かたく》なに端っこをにじり進むのではなく、真ん中を悠々と歩いてゆきませんか。

# 心を落ち着かせ、仏さまの耳を持つ

♪教法は本《もと》より差《たが》うことなし　牛と蛇との飲水《おんすい》の如し～と～

『手を打てばハイと答える　鳥逃げる　鯉《こい》は集まる　猿沢《さるさわ》の池』

奈良の猿沢池のほとりで手を叩《たた》くと、旅館の仲居さんが「はーい」と返事をし、地面にいた鳥たちはパッと飛び立ち、鯉はえさでもくれるのかと集まってくる。このようにたとえ同じ事柄でも、見る人聞く人によって受け取り方はさまざまだということを詠んだ歌です。

たとえ同じ水を飲んでも牛はそれを牛乳にして、蛇はそれを毒にします。

では、私たちはどうでしょう。

電車の中で不意に鳴る他人の携帯電話の着信音。赤ちゃんの泣き声。交差点で鳴らされる車のクラクション。そのとき、あなたはどのように受け取りますか。それぞれ〝言葉〟ではありませんから、意味は、それを聞く私たちが決めることになります。

仏さまのように心の水面が穏やかに凪《な》いでいれば、きっとそれらの音を、生命の営み、コミュニケーションの通う音、と聞くことでしょう。

そうでなかったら……大きく深呼吸して心を落ち着かせ、仏さまのような耳で世間を感じ取りましょう。

浄土宗王子善光寺

# 小野静法副住職の言葉

# みんなが支え合って生きている

みなさんは〝支え合う〟ということを意識したことはありますか？

私もそうですが、普段の生活では、仕事や家事に追われてあまり意識したことはないのではないかと思います。

しかし、みなさんは普段から誰かを支えているのです。

家庭を支える、会社を支えるなど、みなさんはあまり意識していないところでいろいろな方を支えているのです。

その逆もあります。家族や友人、会社で一緒に働いている人はもちろんですが、なぜこのご飯が食べられるのか、道を歩けるのか、全ての行動をするときに、見ず知らずの誰かが知らないうちに支えてくれていることを感じてみてください。

ボランティアのように意識して誰かの支えになるように行動することも尊いことだと思いますが、意識していなくても誰かの支えになっていることも尊いことだと私は思います。

あなたはたくさんの方の味方であり、たくさんの方が味方にいるともとれます。とても心強いですね。

どうぞ、みなさん、支え合っていることを意識してみてください。

# 違う意見が出たときこそ相手を思いやる

〝思いやる〟ということは、簡単なようでむずかしく、むずかしいようで簡単かもしれません。

人はそれぞれ置かれている環境が違いますから、一つのものごとに対してでも、いろいろな意見がありますね。立場が違えば見方も異なり、その分だけ正論の数もあります。

あなたが正しいと考えていることと違う意見を持つ相手の方を思いやることはできますか？

意見が衝突したときなどは、むずかしくなるかもしれませんね。しかし、そんなときこそ、お互いに一息ついて、お互いが相手の方の心中を思いやっていただきたいと思います。

相手がこう考えて、こう行動するのはなぜなんだろう。

相手の立場も考えながら出た答えは、きっと、今までとは違ったものになるのではないでしょうか。

いろいろな人がいて、いろいろな答えがある。家庭内であってもそうですね。

相手のことを思いやる。どうぞ心がけていただければと思います。

# あなたにとっての"ほどほど"は？

「なにごとにも、ほどほどがよい」と言うことがありますね。やりすぎてもやらなくてもどこかに負担がかかるので、「ほどほどがいいよ」ということです。

家庭、仕事、趣味、休暇などいろいろありますが、それぞれに「ほどほど」があると思います。そして、それぞれは関係し合っているので、そのバランスも大事になってきます。

あなたは、どこかに負担をかけすぎていませんか。仕事が忙しすぎて、家庭にしわ寄せがいっていることはありませんか。趣味に時間を使いすぎて、それ以外のことがおろそかになっていたりはしませんか。

ふと考えてみて、悲鳴を上げているところがあったら、どうしたらいいか、どうバランスを取るのがいいか、ご自分の心や体、または周りの方々に聞いてみてください。

なにごとにも〝ほどほど〟があると思います。

そうは言っても、そのときに一生懸命取り組んでいることがあって、ほどほどにするということがむずかしいときもあります。そんなときは、〝人生〟という長い期間で考えてみると、いつ休憩するべきか分かるのではないでしょうか。

みなさんにとっての〝ほどほど〟は、いかがでしょう。

# やらなきゃいけないときはあるけれど

生きていく中で、頑張らなければいけないときはありますね。

私自身もそうですが、その場面に直面している人には、「あまり根を詰めないように」とか、「頑張らなくてもいいよ」とは言えません。そういうときには、頑張っている人にも、「頑張って」と言います。

相手の方の立場、状況を考えると、どうしても頑張らなければいけないときがあるからです。

しかし、その局面から抜け出たときには、それまで頑張った分をしっかり休みましょう。

頑張り続けることはとてもしんどいことだと思います。ある程度の無理はできますが、やはり頑張った後は早めに休まないと、心と体にかかる負担が大きくなりすぎます。

どうぞ、頑張った後は休んでいただきたいですし、頑張り終わった方には休んでもらうようにしてください。

そして、自分にも他の方にもですが、そのときにはどうぞ「よく頑張ったね。ありがとう」とねぎらいの言葉も忘れずに。

# 日蓮宗永寿院

# 吉田尚英住職の言葉

# 桜の思い

私のお寺の境内には、古くなり伐《き》られた桜、ソメイヨシノの丸太があります。

今年の春も立派に咲き誇っていましたが、中に虫が入り倒木の危険があるため、また、根が張り墓石を持ち上げていたこともあって、つい最近伐採されました。

ソメイヨシノの寿命は五十〜六十年と言われます。この木も植えられてからほぼ六十年。寿命分は生きていたとはいえ、人間の都合で伐り倒される桜にとっては、理不尽この上ないことでしょう。

ソメイヨシノは接ぎ木によって増やされる栽培品種で、満開の花の美しさや散り際の潔さが日本人に愛され、日本中に植えられました。自らの種で繁殖することができないソメイヨシノは、その咲きっぷりを人の心に焼きつけることによって、日本中に広がっていったのです。

人間の都合で植えられ、伐られるソメイヨシノ。でも、その理不尽さに怒りをぶつけるために咲いているわけではないと思います。自分の置かれた状況下で、いのちを最大限に輝かせているのではないでしょうか。

何があるかわからない世の中です。誰でも、いつどのような形でいのちが終わらされるかわかりません。

私たちも、今このときに、いのちを最大限に輝かせて生きたいものです。

# 共に生き残る

境内に、横浜国立大学名誉教授・宮脇昭先生にご指導いただいて、五年前に植樹祭をした場所があります。五年で〝林〟の状態になりました。

宮脇先生いわく、「植物は一度根を張ったら、一生その場所で我慢して生きていくしかありません。隣に根を張る木は、養分を奪い合う競争相手であり、ときには競り合いながら成長させてくれるライバルでもあります。〝森〟とは木が三本立っているだけでなく、さまざまな木がいがみ合いながら、我慢して、生かし合っているからこそ森に成長できる。少々、嫌な相手でも共に生き延びるために、我慢しなければ森にはなれません」と。

私たちも、この社会の中で生きるという意味では、植物のように逃げたくても逃げられない状況に置かれることがあるでしょう。嫌な相手とも「共に生き残る」ために、いがみ合いながらもどこかで、折り合いをつける、これも一つの選択です。

ただし、私たちは植物とは違って、まったく身動きが取れないわけではありません。嫌な相手ともつながっていることが、悩みの根源である場合には、思いきって環境を変えてみるのも一つの選択です。

そんな選択も、この社会の中で「共に生き残る」ための、折り合いのつけ方かもしれませんね。

# 草取りは「苦悟り」

雑草には、強くてたくましいというイメージがありますが、植物学的にはむしろ、弱い植物なのだそうです。

水も光も養分もそろった好条件のもとでは、強い植物に負けてしまう。そこで雑草は、抜かれたり、踏まれたりという過酷な環境下に身を置き、逆境を乗り越える力を身につけ、生き残ってきた植物だというのです。

乾燥・日照不足・低温などのストレスに耐え、種の状態で、土の中で、何年も、ときには何百年も、踏まれても踏まれても、チャンスを待っている雑草もあるそうです。

そして、いざ発芽するとその成長の速さはご承知の通りです。

抜かれたときに種をまき散らし、ときにはゴミとして運搬された先でまたチャンスを待ちます。

弱い雑草でも、逆境の中でじっくりと耐えて、生き残っている。

それは、いのちをつなぐという使命を全うしようとする強さの表れではないでしょうか。

我が身に置き換えて、そんな健気な雑草の生き方に学び、雑草の苦を悟る。

お墓参りに行って、草取りをしながら、雑草のように〝苦悟り〟をしてみませんか。

# 草木成仏

仏教には『草木成仏』という教えがあります。「心のない木や草も、仏に成ることができる」という教えです。

教義の話になると、思想的・哲学的なところにまで広がってしまうのですが、むずかしい説明がなくても、春になれば満開の花を咲かす桜や、種の状態で土の中でチャンスを待つ雑草たちには心もあり、仏になる種を持っていると、素直に感じられるのではないかと思います。

素直な心で身の周りの出来事を受け止めると、心がないはずの木や草や土や石の気持ちを感じられるのではないでしょうか。

そのように『草木成仏』を自然に受け止めることができるあなた自身も、すでに仏の種を宿していると言えると思います。

その種から芽が出て、花が咲き、実が成るまで、もうひと頑張りです。

種は、すでにあなたの中にあります。だから安心して、今日の一日を、明日の一日を大切に過ごしてください。

よく見て、よく学び、よく考えて、丁寧に生きていれば、必ず花が咲き、実が成るのです。

# あとがき

朝の情報番組は昨日から今日に発生したニュースをくまなく伝えます。政治に経済、スポーツに芸能、惨たらしい事件から著名人の冠婚葬祭事まで今日一日を過ごすために必要な情報を各テレビ局がしのぎを削って伝え合っています。

確かに一日の始まりに世の中の動きを知っておくことは大切だし、会社で学校でちょっとした出掛け先で、今日の話題についていけずに会話が進まないようじゃ情けない。だから朝の番組は情報てんこ盛り！　それはそれで理屈は分かるが何か足りない……。

朝番組を担当することになったとき、最初にそんな思いが湧き上がってきました。

大概の人は昨日という一日を眠りについて一応締めくくり、また新たな一日のスタートとして朝を迎えます。そんな一日の始まりは、昨日どんな嫌なことがあったとしても誰しもが少しでも晴れやかな再スタートを切りたいと願っているはずです。

朝、テレビをつけた人たちに今日を生きる希望と勇気を少しでも持ってもらえるような

放送ができないものだろうか⁉
昨日からのモヤモヤを引き摺ったままの人、悩みごとを抱え憂鬱な気持ちでまた朝を迎えた人、何となく気分が滅入ってしまっている人、いつも元気いっぱいの人間なんていやしない……むしろ今日という一日の扉を開くことが億劫な人の方が多いくらいでしょう。優れない目覚めとともにテレビをつけたら、ソコに自分の心に優しく語りかける人がいて、人生のツボを捉えた真理の言葉で今日の一日をそっと後押ししてくれる話が聴けたならきっと少しは元気になれるんじゃないか！　そんなコーナーを作ってみたいと思ったのです。

でも一体誰にお願いすればよいのか？　年齢も性別も様々なテレビの視聴者に差別なく平等に伝わるような話ができ、人の生きる道を学び精通し普段から多くの人たちに説いている人‼　お坊さんたちにお願いするしかないじゃないか！

答えは明白です。しかし、それではどんなお坊さんに？　宗派は？

テレビでは特定の宗教の宣伝に繋がるような放送はできません。いざ具体的に企画を進めようとすると難題山積でした。やはり実現は無理かな、と思いかけたとき、書店で一冊の本が目に留まったのです！　タイトルは『いのちの問答』（幻冬舎刊）。その書籍は、自殺者が増え続ける今の日本の社会状況に危機感を深めたお坊さんたちがお互いの宗派の壁を越えて集結し生きることの意義と希望を説いた本でした。

まさに同じ主旨での番組企画！　お会いして話ができれば、後はトントン拍子に話は早い！　と思いきや、実はそうはいきませんでした。やはり真面目なお坊さんたちです。テレビで放送することの意義や問題点、番組制作側つまり我々の真剣さ等、何回もの打ち合わせを繰り返し、お坊さんたちの思いと番組の熱意が一つとなって『やじうまテレビ！』の「そっと後押しきょうの説法」は誕生したのです。

一日の始まりにお坊さんの一言！　早朝の一見風変わりなコーナーですが徐々に評判が評判を呼び、今では『やじうまテレビ！』の人気コーナーとなっています。話題とともに増えた視聴者からの問い合わせの多くが、これまでに放送され視落《みお》とした内容を是非知りたいというものでした。そんな折りに幻冬舎さんから頂いたコーナー出版化の企画は、番組としても大変ありがたいお話でした。

テレビ放送は、その時々に映像と音声でストレートに伝えはしますが、もう一度反復したりしっかりと考えながら味わったりはなかなかできません。これまでに放送してきたお坊さんたちの一言一言は、いずれも誰しもの胸に響く人生をより豊かに歩むコツと真理を説いた名言ばかりです。

どうぞこの一冊をいつでも取り出せる身近なところに！　カバンやポケットに入れて、必要なときに或いはちょっとした時間に読み返してみてください。きっと、今日を晴れやかに生き抜くための優しい励ましと希望のヒントをあなたは見つけ出せるに違いありません。

オッと、最後に番組の宣伝を！

「そっと後押し　きょうの説法」はテレビ朝日系列（一部地域を除く）『やじうまテレビ！』で火曜〜木曜日の週三回早朝5時40分から5時50分の間で放送しています。こちらの方も是非ともご覧になってください。きっと清々しい一日のスタートが切れること間違いなしです。

二〇一一年十二月　　テレビ朝日　報道局　エグゼクティブプロデューサー　小林雄高

**著者紹介** そっと後押し 僧侶の会（そっとあとおし そうりょのかい）
関東近郊の僧侶有志が宗派の垣根を越えて結成した集団。
『やじうまテレビ！』への出演のほか、"いのち"の問題に向き合う
さまざまな活動を行っている。

**装幀** 　櫻井 浩＋三瓶可南子（⑥Design）
**DTP** 　美創
**企画協力** 　テレビ朝日『やじうまテレビ！』スタッフ
　　　　ホリプロ（スポーツ文化部）中根 薫
　　　　ホリプロ（出版プロジェクト）駒村壮一

各説法タイトルは、それぞれの僧侶の筆によるものです。

---

そっと後押し きょうの説法

2011年12月15日　第1刷発行
2012年7月15日　第4刷発行

著者　そっと後押し 僧侶の会
発行人　見城 徹
発行所　株式会社 幻冬舎
　151-0051 東京都渋谷区千駄ヶ谷4-9-7
　電話　03-5411-6211（編集）
　　　　03-5411-6222（営業）
振替　00120-8-767643

印刷・製本所　中央精版印刷株式会社

検印廃止

万一、落丁乱丁のある場合は送料小社負担でお取替致します。小社宛にお送り下さい。本書の一部あるいは全部を無断で複写複製することは、法律で認められた場合を除き、著作権の侵害となります。定価はカバーに表示してあります。

©SOTTO ATOOSHI SOURYO NO KAI, tv asahi, HORIPRO, GENTOSHA 2011
Printed in Japan
ISBN978-4-344-02114-3 C0095
幻冬舎ホームページアドレス　http://www.gentosha.co.jp/
本書は2011年4月5日～9月30日までテレビ朝日系『やじうまテレビ！』で放送された「そっと後押し きょうの説法」をベースとし、加筆・訂正したものです。
この本に関するご意見・ご感想をメールでお寄せいただく場合は、comment@gentosha.co.jp まで。

## 櫻井　寛（さくらいかん）

1954年長野県生まれ。昭和鉄道高校、日本大学芸術学部写真学科卒業後、出版社写真部勤務を経て90年より鉄道フォトジャーナリスト。93年、航空機を使わず陸路海路のみで88日間世界一周。94年、第19回交通図書賞受賞。海外渡航回数230回、取材した国は91ヵ国。『日本経済新聞』『毎日小学生新聞』『アサヒカメラ』『日経おとなのOFF』『小説推理』『はれ予報』などで連載中。著書は共著も含め91冊。日本写真家協会会員、日本旅行作家協会会員。

本文デザイン・DTP制作　板谷成雄

交通新聞社新書096
## にっぽん縦断 民鉄駅物語 ［東日本編］
完全網羅！ 全国162鉄道途中下車の旅
（定価はカバーに表示してあります）

2016年6月15日　第1刷発行

著　者──櫻井　寛
発行人──江頭　誠
発行所──株式会社　交通新聞社
　　　　　http://www.kotsu.co.jp/
　　　　　〒101-0062　東京都千代田区神田駿河台2-3-11
　　　　　　NBF御茶ノ水ビル
　　　　　電話　東京（03）6831-6560（編集部）
　　　　　　　　東京（03）6831-6622（販売部）

印刷・製本─大日本印刷株式会社

©Sakurai Kan 2016 Printed in Japan
ISBN978-4-330-68116-0

落丁・乱丁本はお取り替えいたします。購入書店名を明記のうえ、小社販売部あてに直接お送りください。送料は小社で負担いたします。

列車名や時刻など、本文に記載の内容は、日本経済新聞掲載時のものです。